LEGS FAITS PAR ABBON

DANS SON TESTAMENT

dans les Pagi de Briançon, Embrun, Chorges et Gap

PAR

J. ROMAN

GRENOBLE
IMPRIMERIE DE MAISONVILLE ET FILS, BREYNAT ET Cie, VICTOR TRUC
DUPRÈS, DESCOTES ET SÉVOZ, SUCCESSEURS
5, rue Colonel-Denfert-Rochereau, 5

1901

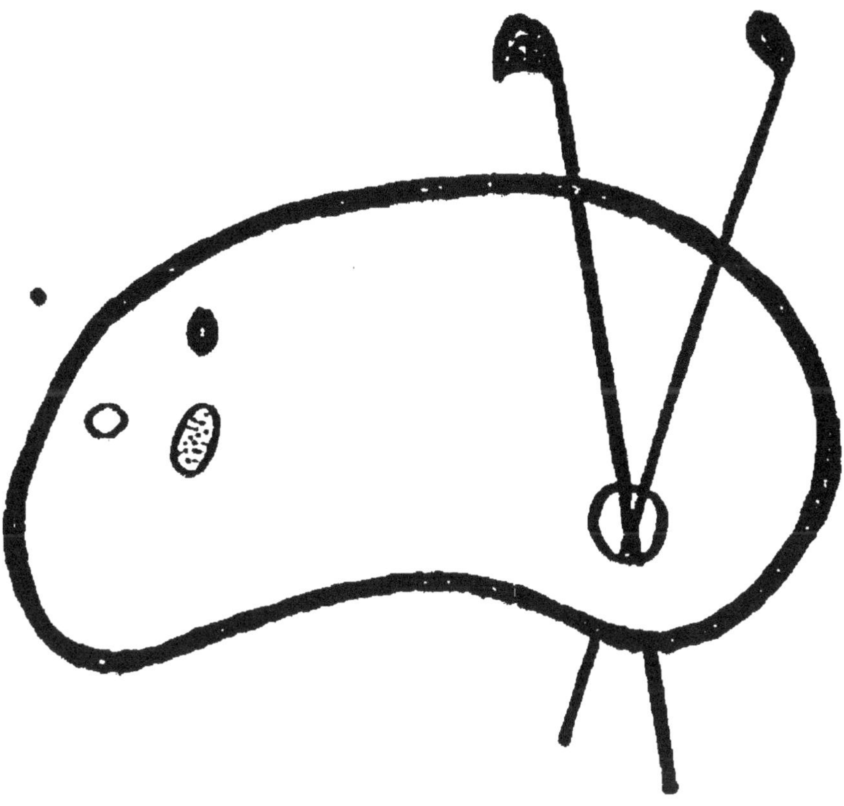

FIN D'UNE SERIE DE DOCUMENTS
EN COULEUR

LEGS FAITS PAR ABBON

DANS SON TESTAMENT

dans les Pagi de Briançon, Embrun, Chorges et Gap

PAR

J. ROMAN

GRENOBLE
IMPRIMERIE DE MAISONVILLE ET FILS, BREYNAT ET Cie, VICTOR TRUC
DUPRÈS, DESCOTES ET SÉVOZ, SUCCESSEURS
5, rue Colonel-Denfert-Rochereau, 5

1901

LEGS FAITS PAR ABBON

DANS SON TESTAMENT

DANS LES PAGI DE BRIANÇON, EMBRUN, CHORGES ET GAP

I

Le 5 mai 739 Abbon[1], fils de Félix et de Rustica, neveu d'un évêque d'Embrun et d'un évêque de Gap, et possesseur d'immenses domaines entre le Rhône, les Alpes et la Méditerranée, fit son testament, et, sauf un petit nombre de legs particuliers, son unique héritière, fut

---

[1] La famille d'Abbon est assez connue par l'énumération qu'il fait de ses parents dans son testament ; ce que l'on connaît moins c'est son statut personnel.

Était-il simple propriétaire ou fonctionnaire public ? Il est souvent nommé le patrice Abbon, mais Muratori et Bethmann croient, que ce titre lui est donné à tort ; Rochex, Fisquet, l'abbé Albanès pensent au contraire qu'il était en effet patrice. Examinons la question brièvement. Du vivant d'Abbon et pendant deux cent ans après sa mort, huit actes seulement font mention de lui ; voyons dans quels termes. Acte du 30 janvier 726 contenant fondation par lui de l'abbaye de la Novalaise ; il n'y prend pas le titre de patrice. Acte du 5 mai 739 contenant son testament ; il n'y prend pas le titre de patrice. Diplôme de Carloman du 26 juin 770 *(Cipolla, Monumenta Novaliciensia)* ; Abbon n'y est pas qualifié de patrice. Diplôme de Charlemagne du 25 mars 773 ; le titre de patrice n'est pas donné à Abbon. Charte du 23 février 780 dans laquelle trois fois il est nommé *Abbo praticius (Cart. de St-Victor I, n° 31)* ; mais cette charte n'est pas originale, c'est une reconstitution faite au XIe ou au XIIe siècle d'un ancien acte tellement altéré qu'il était devenu illisible, il n'a donc pas l'autorité d'un acte contemporain. Diplôme de Charlemagne de 805 environ accompagnant le testament d'Abbon ; le titre de patrice n'est pas donné au testateur. Diplôme de Louis le Débonnaire daté de 814 ; Abbon y est qualifié de patrice, mais cet acte est faux et fabriqué au XIe siècle ainsi que l'a démontré

l'abbaye de St-Pierre de la Novalaise qu'il avait fondée treize ans auparavant au pied du Mont-Cenis.

De nombreuses terres situées dans les *pagi* de Briançon, d'Embrun, de Chorges et de Gap sont énumérées dans cet acte, et depuis qu'il a été publié pour la première fois par d'Achery dans son *Spicilegium*, dans la seconde moitié du XVIIe siècle, il exerce la sagacité des savants qui cherchent à identifier les noms de lieu qu'il renferme avec des localités actuellement existantes.

C'est une tâche très ardue, car l'unique copie qui nous reste du testament d'Abbon est extrêmement incorrecte ; les copistes en ont corrompu le texte à tel point que les mots de la latinité la plus vulgaire ont subi d'étranges déformations ; à plus forte raison les noms de lieu ont-ils dû être inexactement reproduits. Certains d'entre eux qui apparaissent deux et trois fois, sont écrits d'autant de manières différentes[1].

Mais ce n'est pas la seule difficulté. Il est incontestable, en effet, que plusieurs de ces localités de 739 portent aujourd'hui un nom différent de celui qu'elles avaient alors ; quelques-unes, par exemple, ont pris celui du patron de leur église ; d'autres qui étaient importantes

Bethmann (*Monum. hist. patr. I. p. 53* et *Monum. Germ. historica.*) Diplôme de Charlemagne daté de 874 (sic) ; Abbon y est qualifié de patrice, mais cet acte comme le précédent est faux comme l'a démontré Bethmann (*Monum. hist. patr. I. p. 32* et *Monum. German. historica.*) Ainsi donc sur huit actes, deux faux et sans valeur, un refait au XIe siècle et qui, par suite, a peu d'autorité, cinq authentiques dans lesquels il n'est pas question du patriciat d'Abbon. C'est après la composition au XIe siècle de la chronique de la Novalaise, de ce document bourré d'erreurs et d'inepties, dans lequel Abbon est qualifié de patrice, que ce titre lui a été attribué partout. Le premier acte authentique dans lequel on le trouve est une bulle de Benoît VIII en faveur de l'abbaye de Bréma datée de 1014, Tous les actes vrais ou faux composés après la chronique de la Novalaise et dans lesquels il est question d'Abbon, le nomment *Abbo patricius* ; aucun des actes authentiques rédigés par lui ou les autres avant la composition de cette chronique ne lui donnent ce titre. Aux lecteurs de conclure.

[1] Exemple : Vallis Moccensis et Occensis ; pagus Brigantinus et Briantinus ; pagus Vuapencensis et Vuapomcensis ; Velentium et Volentium. Il en est de même pour les noms de personnes ; exemple : Rigaberga, Riguberga et Ricuberta ; Bertildis et Bertelda ; Justina et Justinus, etc. Vualdebert est dit dans un endroit évêque et dans un autre prêtre, etc.

au VIIIe siècle ne sont plus que des lieux-dits ou même ont entièrement disparues aujourd'hui.

Il y a donc plus d'une difficulté pour mener à bonne fin ce travail. Il exige, en premier lieu, une connaissance très complète de la géographie du Sud-Est de la France ; or comme personne au monde ne peut connaître dans tous les détails la topographie de la vaste région bornée par le Rhône, les Alpes et la Méditerranée ; comme on n'a pas la ressource d'avoir à sa disposition les *Dictionnaires topographiques* publiés par le Ministère de l'instruction publique puisque cette région, au lieu de six qu'elle aura quand leur publication sera terminée, n'en possède encore que deux, ceux de la Drôme et des Hautes-Alpes, il me paraît indispensable que plusieurs personnes travaillent concurremment à cet ouvrage, chacunes d'elles se consacrant au territoire qu'elle connaît le mieux et dont elle a fait une étude particulière.

Je commence par la région du Haut-Dauphiné que j'étudie depuis plus de trente ans ; j'espère que d'autres poursuivront cette étude et qu'il pourra en sortir une édition définitive du testament d'Abbon.

II

Avant d'aborder le texte lui-même je dois consacrer quelques lignes aux personnages, aux divisions territoriales et aux diverses redevances énumérées dans la portion du testament d'Abbon qui fait l'objet du présent travail.

Les personnages appartiennent aux classes sociales suivantes. Hommes de naissance libre, *ingénui ;* quoique libres Abbon semble en disposer par son testament, mais en réalité il lègue seulement certaines redevances dues par ces hommes libres pour des terres qu'ils tenaient de lui en bénéfice. Affranchis *liberti* ; Abbon en dispose en faveur de son héritier parce qu'ils sont tenus à son égard à certains devoirs et à certaines redevances; s'ils négligent les uns ou ne paient pas les autres, ils retombent en servitude. Colons, *coloni*, fermiers ou travailleurs agricoles dont la situation, peu définie, paraît être dans un rang intermédiaire entre les affranchis et les serfs. Serfs, *servi*, attachés au sol et vendus ou légués avec lui. Esclaves, *mancipii*.

Les dignités ou professions énumérées sont les suivantes : roi, *rex* (Thierry IV) ; maire du palais (Charles-Martel), qualifié seulement de *vir illustris* sans autre titre ; évêque, *episcopus*. Ces importants personnages portent la qualification de *domnus*, seigneur. Viennent ensuite : prêtre, *presbiter* ; clerc, *clericus* ; nonne, *femina deo sacrata* ; administrateur de domaines, *ministerialis* ; intendant ou fermier en chef, *capitularius* ; servante, *ancilla* ; berger, *verbicarius*.

Les subdivisions territoriales sont le *pagus*, pays, qui ne se confond pas toujours avec une circonscription épiscopale ; le Briançonnais, par exemple, est un *pagus* sans être un évêché ; la *vallis*, vallée, subdivision du *pagus* (*vallis Briantina* dans le *pagus* de Briançon, *vallis Moccensis* dans le *pagus* d'Embrun) ; le *locellus* petite localité; la *casa*, maison, qui paraît être prise parfois dans le sens de ville ; la *villa*, maison de campagne.

Les divisions au point de vue de la propriété rurale sont : l'alleu, *alodium*, domaine libre ne devant rien à personne : la cour, *curtis*, grand domaine, ce mot n'a pas entièrement disparu du langage des Alpes ; la ferme, *colonica* ; la *colonica dominicalis* est une ferme relevant du fisc ou du domaine royale ; le bénéfice, *beneficium*, immeuble rural concédé en propriété viagère moyennant une redevance ; *portio* ou part d'immeuble : *bonus*, *cultura*, bien rural en général.

Au point de vue de l'exploitation agricole les immeubles légués par Abbon comprennent : des champs, *campi*, des prés, *prata*, des pâturages, *pascua*, des vignes, *vineæ*, des forêts, *silvæ*, des montagnes pastorales, *alpes*, des montagnes sans qualificatif, *montes*, des ruisseaux, *rivi*, des sources, *decursus aquarum*.

Comme revenus d'une nature particulière, nous trouvons la *tertia* ou droit de mutation des immeubles au tiers denier, l'*accis* ou droit sur les récoltes, l'*impensio* ou redevances en général.

III

Le monastère de la Novalaise fut détruit au xe siècle et dès que le calme fut rétabli dans la région, deux abbayes se disputèrent et se partagèrent ses possessions, l'abbaye de Bréma près de Pavie et l'abbaye d'Oulx.

Bréma revendiquait en 1152 comme le témoigne une bulle (*Monum. hist. patr. Pedem. I p. 797*) dans le Briançonnais les églises du Monêtier-de-Briançon et du Puy-St-Pierre. Dans l'Embrunais, celle de Ste-Marie-des-Orts à Embrun ; celles de St-Maurice et de St-Gervais, dans la vallée de Barcelonnette ; à Faucon, les églises de St-Pierre, Ste-Marie, St-Etienne, St-Michel (aujourd'hui St-Michelet) et St-Flavius (aujourd'hui St-Flavy) ; à Jausiers, l'église St-Nicolas ; à Remollon, l'église de St-Pierre, et l'église de Théus. Dans le Gapençais, l'église de St-Pierre de Romette, celle de St-Jean d'Auriac, celle de St-Félix de Faudon, celle de Montreviol, celle de St-Martin d'Ancelle, celles de St-Julien en Champsaur, de St-Laurent-du-Cros et de Ste-Marie de Chabottes dans le mandement du Buissard, celle de Laye, celle de St-Bonnet et les chapelles qui en dépendaient, celle de St-Pierre de Corps et les chapelles qui en dépendaient, celle d'Aspres-les-Corps, celle de St-Julien-de-Falavaux en Beaumont, celle de la Salette, celle St-Belignus (aujourd'hui St-Bresme), celle de St-Pierre d'Ambel avec les chapelles qui en dépendaient, celle de St-Pierre de Véras, de Notre-Dame de Chateauneuf d'Oze avec les chapelles qui en dépendaient et enfin celle de Notre-Dame-de-la-Val qui est probablement celle de Clausonne.

Bréma ne posséda pas paisiblement ces diverses églises, elle n'en conserva même aucune longtemps, et à la fin du XIVe siècle elle ne possédait plus rien dans les Alpes.

Oulx hérita de toutes les possessions de la Novalaise dans le Briançonnais, la Vallouise, le Queyras et l'Oisans, d'Eygliers dans le diocèse d'Embrun, d'Aubessagne, de St-Laurent-en-Beaumont et de St-Arey de Gap dans le Gapençais.

Un personnage nommé Nantelme qui détenait, je ne sais à quel titre, plusieurs églises du Champsaur ayant appartenu à la Novalaise, les donna à l'abbaye de Cluny à la fin du Xe siècle. Les comtes d'Albon en donnèrent également à Cluny au commencement du XIe siècle, d'autres qui avaient dépendu de la même Novalaise. Enfin l'abbaye chalaisienne de Boscodon, fondée en 1132, en acquit, je ne sais comment, quelques autres de la même provenance. Un certain nombre de possessions de la Novalaise se disséminèrent en outre entre les mains de quelques corporations religieuses autres qu'Oulx, Cluny, Bréma et Boscodon, sans qu'on puisse suivre exactement toutes ces mutations de propriété.

Les bulles papales qui énumèrent les possessions de Bréma, d'Oulx, de Boscodon et de St-Victor de Marseille (ordre de Cluny) sont des éléments précieux pour arriver à identifier les noms de lieu du testament d'Abbon. Je m'en suis servi constamment dans ce travail.

Voici comment j'ai cru devoir procéder. Je donne d'abord le texte du testament tel qu'il a été publié par M. Marion dans les cartulaires de Grenoble (p. 38), avec les corrections qu'a proposées M. Cipolla dans ses *Monumenta Novaliciensia* (Rome 1898 p. 251).

Ensuite vient la traduction française accompagnée de notes géographiques chargées de justifier mes identifications de noms de lieu.

IV

TEXTE

Similiter et in pago Briantino, in Aquisiana et Annavasca, in loca nuncupantes Briancione valle, una cum libertis ac colonis et servis ; Annede una cum ingenuis, libertis et servis ; Agracianis, Exoratiana, Aquis levas, cum libertis et servis vel omnes adjacentias ad se pertinentes, te sacrosancta ecclesia ut habeas volo atque precipio.

Et colonicas infra ipsa valle Briantina et Aquisiana, quem de Vuidegunde conquisivimus, unde Bardinus capitolarius est ; similiter et in Gerentonnis, colonicas de ipsa ratione Vuidegundi quod ad nos pervenerunt, quem Signaldus, libertus noster, in beneficio habet ; colonica quem de muliere Gismundo, nomen Panmutia, in ipsa valle in tercia recepimus, ubi Marius noster verbecarius in ipsa colonica manet ; similiter curte mea Salliaris, alpes, prata, ingenua ; Vendanum, Mullinaricus, Vuilla Vetole ; ista omnia supradicta, una cum libertis ac colonis, servis vel omnes adjacentias earum ad ipsa loca aspicientes, tu, heres mea, ut habeas volo ac jubeo.

Et colonicas in valle Gerentonica et in Balis, quem ad libertos meos quem Theudoaldo et Honorio dedi, ut ipsi et infantes ipsorum habeant, et ad heredem meam sacrosancta ecclesia aspiciant ; ista omnia superius comprehensa una cum adjunctis adjacentiis que suis, campis, pratis, pascuis, silvis, alpibus, montibus, rivis, aquarum ve decursibus, accis que omnibus, cum omnem jure vel terminum earum, tu, sacrosancta ecclesia heres mea, ut habeas volo ac jubeo.

Similiter libertus noster in valle Aquisiana qui ad parentes nostros aspexerunt seu et in pago Brigantino commanere videntur, unde Vitalis capitularius est, ad memorata ecclesia, heredem meam, ut aspiciant et impensionem faciant, volo ac jubeo.

Emmo quem in pago Ebredunensi et valle Occense, Brintico, portiones nostras quam de Vualdeberto, presbitero, et de Rigaberga, conquisivimus, et de proprio alode meo, et quod de parente meo Godane ad me pervenit ; et in ipsa valle Moccense quem de Siagria conquisivimus, una cum alpes ; et quem de Dodone et Godane ad nos pervenit ; seu et quod domno Vualdeberto, episcopo, et Riguberga, ibidem conquivisimus ; et colonicas ubi dicitur Albariosco, quem Marcianus, servos noster, habet, quem de Dodone, parente meo, in ipso pago Ebredunense ad me pervenit ; nec non et colonicas nostras in pago Rigomagense quem Baronta, libertus noster, in beneficium habet ; et liberto meo, ipsum Barontave, una apud Solia quem ei dedimus, ut ad te, heres meam, ipse Baronta aspicere debeat, volo ac jubro.

Item et in ipsum pago Ebredunense, colonicas in Boresio quem Savina in beneficio habet ; Rodis ubi verbicarius noster, nomine Laurentius, manet ; colonicas in Velentio quem per preceptionem dominica de ratione Riculfu et germano suo Rodbaldo ad nos pervenit ; omnia et ex omnibus quicquid in ipsum pago Ebredunense, seu et in valle Moccense et Rigomagense, tam de conquesto quam de alode parentum nostrorum nobis in ipsus pagos obvenit, advenit, ad integrum, una cum alpes, tibi superscripta heres meam, sacrosanta ecclesia, habere volo ac jubeo.

Simile namque modo in pago Vuapencense, corte mea Talarno, una cum libertus nostros Sicualdo cum sorores suas et infantes earum, Maximo cum uxore sua et infantes eorum ; Calaico, una cum libertus nostros ; et Allionicos, quem de Vuidegunde conquisivimus, et liberti nostri in ipsum Allionicus commanere videntur, Marius cum germanos suos ; et libertus nostros in Vena vella, Hildebertum cum uxore sua et infantes eorum quem de Vuidegunde ad nos pervenerunt ; Kalares quem de ipsa Vuidegunde conquisivimus ; Matarellos libertus noster manet in colonica dominicale, et extra sunt terras et vineas dominicales ; ista omnia suprascripta una cum libertis ac colonis et servis, una cum adjunctis adjacentiisque suis ad ipsa loca pertinentes, te, sacrosancta ecclesia, ut habeas volo ac jubeo.

Et dono liberto meo ad ipsa ecclesia nomen Amalberto, qui habet uxore filia ipsius Mattarello, quem ego manumisi ; et ipsum dua mancipia dedi ad casa Vuapencense, his nominibus Rusticii et Lupolina.

Item que et in ipsum pago Vuapencense, Altana quem de alode parentum meorum habeo, Curenno, Galisco, Ancilla quem genitor meus de Persa conquisivit ; et illas terras ibidem in Campania, cum illa Alpe Cassauda quem de Lavarnosco ibidem habemus, ipsas terras usque ad summa ; mancipia que Siagria conquisivimus ; ista omnia suprascripta una cum campis, pratis, silvis, pascuis, alpibus, adjacentibus que suis ad ipsa loca pertinentis, tu, sacrosancta ecclesia, habeas volo ac jubeo.

Simile namque modo in ipso pago Vuapomcense, corte mea Opaga cum omnis appenditii suas ad se pertinentes, quem alode parentum meorum habeo; apud colonica quem de Venatore, avunculus meus, domnos Semforianus, episcopus, conquisivi, tu, heres mea, ut habeas volo ac jubeo.

Colonica Subtusripas quem ad libertum meum nomen Bertarii dedimus, infantes sui habeant volo ac jubeo, et ipsi ad herede mea aspicere debeant.

Bonis Graviosco, tu, heres mea sacrosancta ecclesia Sancti Petri monasterii Novalicius, ut habeas volo ac jubeo.

Similiter corte mea Valerignaca una cum libertum meum Savino cum filius suos, et filii liberti mei Seseberga ; Magnibertum cum germanus suos et filius suos, vel alius libertus nostros qui ad ipsa curte aspiciunt, habere volo ac jubeo.

Roma una cum adpendiciis earum et alpes, preter quem ad libertus meos infantes Aldefredo et Godoberti in ipsa Roma dedimus, volo ut habeant, et ipsi ad heredem meam aspiciant.

Laquatico una cum appenditiis suas ad ipsa loca pertinentes et quod a liberta mea Dumnulina, quem commutavi, dedi in ipsum Laquatico, volo ut habeat et ad heredem meam sacrosancta ecclesia aspiciat.

Et terras in Esturbantia quem de Bonevalo conquisivi et ad suprascripta liberta mea nomen Sendeberti, dedi, volo ut habeat et ad heredem meam aspiciat.

Colonicas in Taraone quem de Ricuberga conquisivimus ; et terras in Grariis ; et libertus nostros Maroaldo et uxore sua vel filiis eorum quem genitrix mea Rustica de pago Genevense fecit venire et super ipsa terra ipsas mansurus fecit ; terra et mancipia in Savelis quem de Avolo, presbitero, et de Freberga, femina, avonculos noster domnus Senforianus conquisivit ; et libertos nostros in Artonosco, filius Victorie et Vere, Iohannis, Iustebertus, Paulos et Verissimus, Iustina et Bertildis, ipsa terra et mancipia in Savelis in benefitio habent, tu, heres mea, sacrosancta ecclesia sancti Petri Novalitius monasterii, ut habeas volo et jubeo.

Capannas quem ad liberta mea nomem superscripte Berteldi dedi, volo ut habeat et ad heredem meam aspiciat.

Vobridio quem de Mauro conquisivi et ad liberta mea superscripte nomen Iustini dedi, quem Dadinus habet, volo ut habeat et ad heredem meam aspiciat.

Colonica Utronno ex alode parentum meorum, Glasia, Pentus, Bullone, Muccunava, Bladonis, tu, heres mea, ut habeas volo ac jubeo.

Similiter et res illas, Maurovilla, Rodanone, una cum adjacentias earum, vel quicquid de parentes nostros Dodone et Godane nobis ibi... in obvenit; et res illas quam de Gondoberto conquisivimus quem Marabertus in benefitio habet; et illas res quem de Escussario conquisivimus, una cum mancipiis, terris vel omnes adjacensias ad ipsa loca aspicientes, ista omnia supradicta, te, sacrosancta ecclesia domni Petri, heredem meam, habere volo atque precipio.

In Cronno, Luciano, ex alode parentum meorum, et in Latiomaus, ibi Mora, ancilla nostra, manet, quod de genitrice nostra Rustica michi obvenit; colonicas in Gradosa quem ministerialis noster Bajo in benefitio habuit, tu, heres mea, ut habeas volo ac jubeo.

. . . .

In Ambillis, ubi Gavioaldus, servos noster, manet, una cum cultura quem de domna Siagria ad nos pervenit, quem ipse Unebertus in benefitio habet, in illa colonica, de ratione parenti mei Godane, super de Derauso.... te here dem meam, sacrosancta ecclesia, habere volo ac jubeo.

. . . .

Et illud michi in hunc testamento meum addere placuit, ut dum et domnos patrunus meus Semforianus condam, episcopatum Vuapencense in suam habuit gubernatione et devotione sue, ut medietate de rogationes portionis ipsius in valle Segucia ad ipsa ecclesia per sua esturmenta delegare voluit; et diebus vite sue tutillam meam in suam habuit recepta potestate et apud nos nullam deduxit ratione; et dum, per lege, nulla exinde potuit delegare, et facultates nostras indivisas remanserunt, ipsa carta donationis de medietate locello nostro commune de rogationes in valle Segusina ad jamdicta ecclesia Sancte Marie Vuapencense quod scripserat, dum et lex hoc prohibit. Et postea ipse de ipso onos episcopato a malis hominibus ejectus fuit, et ipsa portio de rogationis ad ipsa ecclesia Vuapencense nunquam fuit tradita nec recepta. Ideoque nos, tam pro animo nostre remedio, quam et pro ipsius suprascriptus patruum nostrum communi ratione domno Senforiano, donamus ad ipsa ecclesia Sancte Marie Vuapencense locella nostra in pago Regense.................................

Emmo que donamus ad ipsa ecclesia Sancte Marie Vuapencense locella nostra in pago Vuapencense nuncupante Ruarmo, Ambillis in Taraone, una cum libertis ad ipsa loca aspicientes.

Donavimus dulcissime nostre Virgilie loca nuncupatis in ipso pago Vuapencense Laciomans et Licentiaco, Cassaniola, Ciconiola, quem de domno Vualdeberto, episcopo, et de domna Siagria et Vuidegunde et Deo sacrata Riculberta femina, in ipsa loca conquisivimus.......

Dono fidele meo Protadio res illas in pago Vuapencense ubi decitur Semprugnanum cum adpendices suas quam de Agloaldo conquiesivimus, et illa portione que de Maurengo, clerico, pro sua infidelitate, quod nobis mentivit, et per verbo dominico, conquisivimus dum et ipse nobis mentitus fuit, ipsas res Palatius nobis cessit, volo ut habeat.

Donamus Tersie, filie Honorie, liberti nostre, quem Teudaldos, de Seguciu, huxorem habuit, res illas que fuerunt Riculfum, filium Rodulfum condam, quem pro preceptione domno Theoderico, rege, et illuster vero domno Karolo, in pago Diense, Vuapencense et Gratianopolitano conquisivimus, preter colonicas in pago Ebredunense in Volencio, quem ad monasterio Sancto Petro, herede meam, delegavimus, dum et ipse Riculfus apud gente Sarracenorum ad infidelitatem regni Francorum, sibi sociavit et multa mala cum ipsa gentem pagana fecit.

V

TRADUCTION

En outre dans le *pagus* de Briançon[1] dans les vallées de la Gui-

---

[1] *Pagus Briantinus* ou *Brigantinus*. Il faisait partie au VIIIe siècle de l'évêché de la Maurienne, et ne fut annexé à celui d'Embrun qu'après 1032. Avant cette date il ne comprenait que le versant des Alpes du côté de la France et était limité par les cols du Mont-Genèvre, du Galibier, du Lautaret et par le Pertuis-Rostan. Le testament d'Abbon nous apprend que le Queyras et la Vallouise en faisaient probablement partie.

sane[1], de Névache[2], et dans celle qu'on nomme de Briançon[3], y compris mes affranchis, mes colons et mes serfs ; à l'Aunet[4] y compris les hommes libres, mes affranch[illegible] mes serfs ; aux Greniers[5], à Orgières[6], au Monêtier[7] y compris m[illegible] affranchis, mes serfs et toutes les dépendances de ces terres, je veu[illegible] [illegible]nne que toi, sainte église les possèdes.

De même les fermes desdites vallées de Briançon et de la Guisane que j'ai acquises de Vuidegunde et desquelles Bardinus est intendant ; de même dans la vallée de la Gironde[8], les fermes qui me sont provenues de la même aquisition de Vuidegunde, que mon affranchi Signaldus a en bénéfice ; la ferme que j'ai reçue de la femme de Gismundus nommée Pannutia, en vertu de mon droit sur les mutations de propriété[9], et ou habite Marius, mon berger ; en outre mon

---

[1] *Aquisiana.* Cette vallée nommée *val is [illegible]asana* en 1020, comprend le cours de la rivière de la Guisane depuis le col du Lautaret jusqu'à son confluent avec la Durance.

[2] *Annavasca*, nommée *Nevasca* en 1118. Elle comprend le cours de la rivière de la Clarée depuis son confluent avec la Durance jusqu'au fonds de la vallée où se trouve le village de Névache.

[3] *Briancione*, nommé *Brigantio* dans les vases Apollinaires (IIIe siècle) et *Virgantia Castellum* par Ammien Marcellin (IVe siècle).

[4] *Annede*, lieu dit situé près des rives de la Durance dans la commune du Villard-St-Pancrace, canton de Briançon.

[5] *Agracianis*, hameau de la commune de la Salle, canton du Monêtier. Se nommait *Granare* en 1343 et *Agranerii* en 1410. Cette identification paraît très probable.

[6] *Exoratiana*, forêt de la commune de St-Martin de Queyrières, canton de l'Argentière.

[7] *Aquis levas.* Le Monêtier, chef-lieu de canton de l'arrondissement de Briançon est nommé *Stabatio* dans la table de Peutinger. Le nom du Monêtier que l'on trouve en 1020, sous la forme de *Monasterium*, lui vient d'un prieuré qui y fut fondé par les moines de la Novalaise. Il existe à cet endroit des eaux thermales très efficaces qui justifient le nom d'*Aquæ levæ* qu'aurait porté cette localité entre le nom romain de *Stabatio* et le nom moderne de *Monasterium*.

[8] *Gerentonni*, nommé en 1091 *Vallis Jarentonne*, puis au milieu du XIIe siècle *Vallis pùta* et à la fin du XVe *Vallis Loysia* ou Vallouise. C'est la vallée de la Gironde de la Durance au Pelvoux ; elle fait partie du canton de l'Argentière.

[9] M. Marion lit *in tertia*, Cipolla *in Tertia* et en fait un nom de lieu. Je crois le premier dans le vrai et *tertia* me paraît le nom d'un impôt au tiers denier sur les droits de mutation de propriété. Pannutia aurait cédé un immeuble à Abbon pour acquitter cette redevance.

domaine de la Salle[1] avec les montagnes, les prairies et les hommes libres ; *Vendanum*[2], Molines[3], Villevieille[4] ; tout ce que dessus avec mes affranchis, mes fermiers et toutes les dépendances de ces immeubles, je veux et ordonne que toi, mon héritière le possèdes.

Et mes fermes dans la vallée de la Gironde et à Rame[5], que j'ai données à mes affranchis Theudoaldus et Honorius, pourqu'ils les possèdent eux et leurs enfants, doivent également appartenir à la sainte église mon héritière.

Toutes les choses susdistes avec leurs appartenances et dépendances, champs, prés, pâturages, forêts, alpes, montagnes, ruisseaux, cours d'eau, tous leurs revenus et tous leurs droits dans toute l'étendue qu'ils comportent, je veux et ordonne que toi, sainte église, mon héritière, les possèdes.

En outre les affranchis de la vallée de la Guisane qui ont appartenu à mes parents, et ceux qui habitent le *pagus* de Briançon ou Vitalis est mon intendant, je veux et ordonne qu'ils appartiennent à la susdite église, mon héritière, et lui payent tribut.

---

[1] *Curte Salliaris*, nommé *Salla* en 1120. Commune du canton du Monétier Ce ne peut être Ceillac qui faisait partie du *pagus* d'Embrun et non de celui de Briançon.

[2] Je n'ai pu retrouver le nom moderne de cette localité qui faisait probablement partie du Queyras. M. Marion croit y reconnaître le Veyer, mais ce mot vient du latin *vicarius* et ne me paraît avoir aucun rapport, même éloigné, avec *Vendanum*.

[3] *Mallinaricus*, nommé *Molini* en 1301. Commune du canton d'Aiguilles. Il n'y a aucun doute à avoir sur cette attribution.

[4] *Vuilla vetole*, nommé pendant tout le moyen-âge *Villa vetus* et actuellement commune du can'on d'Aiguilles. Il est extrêmement surprenant qu'au VIIIe siècle elle portât déjà ce nom de *Villa vetus* ou *vetula*, mais quoi qu'il en soit l'identification est certaine.

L'abbaye d'Oulx, qui avait succédé à celle de la Novalaise, était décimatrice de toutes les localités dont il a été question dans le texte jusqu'ici.

[5] Il y a dans le texte *Italis* que je propose de corriger en *Ramis*, Rame (*Rama* dans les itinéraires antiques) était une ancienne station romaine. Au moyen-âge elle fût la paroisse unique de toute la contrée qui s'étend entre Saint-Crépin et l'embouchure de la Gironde.

L'abbaye de Boscodon, qui avait succédé à celle de Bréma, possédait des droits importants dans cette paroisse principalement à l'endroit nommé depuis l'Argentière, qui ne faisait pas alors partie du Briançonnais, en ayant probablement été détaché du VIIe au IXe siècle.

En outre dans le *pagus* d'Embrun[1] et la vallée de Barcelonnette[2] à la Bréoulle[3], les propriétés que j'ai acquises de Vualdebert, prêtre, et de Rigaberga, ou que je possède de mon propre alleu, et ce qui m'est venu de mon parent Godane ; et dans ladite vallée de Barcelonnette ce que j'ai acquis de Siagria, avec les montagnes ; ce qui me vient de Dodon, de Godane et du seigneur évêque Vualdebert et de Rigaberga par acquisition, la ferme nommée l'Aubreau[4] que possède Marcianus, mon serf, qui me vient, dans le même *pagus* d'Embrun, de mon parent Dodon.

En outre mes fermes dans le *pagus* de Chorges[5] que Baronta, mon

---

[1] *Pagus Ebredunensis*, circonscription épiscopale comprenant la vallée de la Durance depuis le Pertuis-Rostan jusqu'à la Couche, la vallée de Barcelonnette et celle de Seyne, toutes deux actuellement dans les Basses-Alpes.

[2] *Vallis Moccensis*, écrit une fois par erreur *Occensis*. La vallée de Barcelonnette ou de l'Ubaye est nommée *Mustia* ou *Muscia* par Grégoire de Tours, *vallis Muscia* en 1127, *vallis Musciensis*. L'abbaye de Bréma possédait en 1152 six églises de cette vallée comme anciennes dépendances de la Novalaise.

[3] *Brinticum* ou *Bruiticum*, nommé *Brudolium* puis *Bredula* en 1378. Cette paroisse est située aux bords de la Durance à l'entrée de la vallée de Barcelonnette ; elle est placée sous le vocable de saint Pierre comme une grande partie des églises possédées autrefois par la Novalaise ; elle a appartenu pendant tout le moyen-âge à l'ordre de Cluny comme beaucoup d'anciennes dépendances de la Novalaise. La Bréoulle remplit donc toutes les conditions géographiques et historiques nécessaires pour être identifiée avec le *Brinticum* ou *Bruiticum* du testament d'Abbon.

[4] *Albarioscum*. Hameau de la commune Réotier, canton de Guillestre. La paroisse de Réotier était sous le juspatronat de l'abbaye de Boscodon qui succéda dans les Alpes à plusieurs des anciennes possessions de la Novalaise.

[5] *Pagus Rigomagensis*. Ancienne circonscription épiscopale sur l'emplacement de laquelle on a fait de nombreuses conjectures.

Ce ne peut être ni Briançon ni Riez puisque le *pagus Briantinus* et le *pagus Regensis* sont cités dans le testament d'Abbon. Ce serait Thorame dans les Basses-Alpes, d'après M. l'abbé Duchesne qui a découvert un *episcopus Eturamine* ou de Thorame. Il identifie le *pagus Rigomagensis* avec celui de Thorame, mais sans apporter une seule preuve à l'appui de son opinion ; il n'a pas recherché comment le mot *Rigomagensis* a pu se transformer en *Eturamine*.

Ce serait la vallée de Barcelonnette d'après M. Longnon ; mais à partir de Grégoire de Tours jusqu'au XVIe siècle cette vallée s'est nommée *Mustia, Muscia, Montium* sans interruption. Nous avons vu du reste qu'il faut l'identifier avec la *vallis Moccensis* du testament d'Abbon.

Pour M. Marion, M. Cipolla, éditeurs de ce testament, pour M. l'abbé Albanès, dont je ne puis mieux faire que d'adopter l'opinion, le *pagus Rigomagensis* est le

affranchi, possède en bénéfice ; et une autre à *Solia*[1], que j'ai donnée au même affranchi, c'est à dire à Baronta ; je veux et ordonne que ce même Baronta appartienne à toi, mon héritière.

En outre et dans le susdit *pagus* d'Embrun mes fermes de *Boresio*[2] que Savina possède en bénéfice ; de Réalon[3] où demeure mon berger

---

pays de Chorges. La place qu'il occupe dans le testament d'Abbon à côté du *pagus Ebredunensis*, avec lequel il s'entremêle même dans ce texte, démontre qu'il en était limitrophe. Chorges est nommé dans l'inscription des vases Apollinaires *Caturigomagus*, mot qui par apocope est devenu *Rigomagus* à l'époque barbare et a fait *pagus Rigomagensis*.

Un autre acte cite la *vallis Rigomagensis* ou *Reamagensis*, et précisément Chorges est au centre d'une vallée bornée par deux chaînes de montagnes parallèles. On a découvert à Chorges des inscriptions qui la qualifient de *civitas Catur.*; elle était donc une cité à l'époque romaine. Ses limites se trouvent fixées du côté de Gap par les limites elles-mêmes de l'évêché d'Embrun qui s'arrêtait à la rivière de l'Avance, et du côté d'Embrun par le torrent de la Couche qui séparait au moyen-âge l'Embrunais proprement dit du pays de Chorges ; on y a trouvé une inscription à *Mercurius finitimus* ou protecteur des frontières. Si l'on n'identifie pas le *pagus Rigomagensis* avec le pays de Chorges, cette vallée serait la seule des Alpes dauphinoises dans laquelle Abbon n'aurait pas eu de possessions, et cependant il est certain que la Novalaise, son héritière, a eu des possessions dans le pays de Chorges ; en 1152 Bréma réclamait la paroisse de Théus (canton de Chorges) comme ayant jadis appartenu à cette abbaye. Ces raisons me paraissent décisives.

[1] Cette possession, qui paraît située hors du *pagus Rigomagensis*, peut être emplacée à la *Seille*, commune de la Faurie, à la *Selle*, commune de la Freissinouse, ou aux *Selles*, commune de Barcilonnette, toutes trois dans l'arrondissement de Gap ; mais cela est loin d'être certain et peut être *Solia* est-elle une localité de l'Embrunais.

[2] Je n'ai pu découvrir le nom de lieu qui correspond aujourd'hui à *Boresium*. Cependant je me demande si ce mot n'est pas l'ancienne dénomination du bourg de Savine qui aurait pris après le VIIIe siècle le nom de l'affranchie Savina (Cipolla lit *Sauma*, mais à tort me paraît-il) qui le possédait en bénéfice à l'époque d'Abbon. Les noms de lieu dérivés des noms de personnages romains ou barbares n'étant point rares dans nos contrées (Ceillac de Cœlius, Auriac d'Aurius, Antonaves d'Antonius, Lazer de Lazarus, etc.), Savine aurait fort bien pu prendre celui de Sabina ou Savina, mais ce n'est là qu'une hypothèse. L'abbaye de Boscodon possédait des droits importants dans le mandement de Savine.

[3] *Rodis*; je donne sous toutes réserves cette traduction de Réalon ; peut-être faudrait-il lire *Ralis*. Réalon est une commune du canton de Savine, avec de vastes montagnes pastorales.

nommé Laurentius ; la ferme de Valeite[1] qui m'est venue de Riculfus et de son frère Rodbaldus par ordre royal ; en un mot tout ce qui m'est provenu et advenu à quelque titre que ce soit dans le *pagus* d'Embrun, les vallées de Barcelonnette et de Chorges tant par achat que de l'alleu de mes parents, intégralement, avec les montagnes, je veux et ordonne que toi, sainte église mon héritière, tu le possèdes.

De même dans le *pagus* de Gap[2] mon domaine de Tallard[3], avec mes affranchis Sicualdus, ses sœurs et leurs enfants, et Maximus avec sa femme et leurs enfants ; Chalançon[4] avec mes affranchis ; Aulan[5], que j'ai acquis de Vuidegunde, et mes affranchis qui résident audit Aulan, Marius et ses frères ; et mes affranchis de la villa de Veynes[6], Hildebert avec sa femme et ses enfants, qui me viennent de Vuide-

---

[1] *Velentio* que nous retrouverons plus loin sous la forme *Volentio*. Cette ferme de la commune des Orres, canton d'Embrun, se nommait au moyen-âge *in Valeito*. Abbon l'avait acquise par droit de confiscation sur Riculfe, personnage allié des Sarrazins, et dont il sera de nouveau question plus loin.

[2] *Pagus Vuapencensis*, *Vuapemcensis* ou *Vuapomcensis*, la *civitas Vapincensium* de la *Notitia*, nommée *comitatus Gapincensis* en 1038, circonscription épiscopale comprenant le Gapençais, le Champsaur, le Dévoluy, le Bauchaine ou vallée du Buëch, le *pagus Rosanensis* ou archiprêté de Rosans sur la rive droite du Buëch, le Beaumont en Trièves, et l'archiprêtré d'Outre-Durance, de Curban à Volone, sur la rive gauche de cette rivière.

[3] *Talarnum*, nommé encore de même en 1202. Chef-lieu de canton de l'arrondissement de Gap.

[4] *Calaicum*, qu'il faudrait peut-être corriger en *Calancum*, nommé *Chalanco* au XIIIe siècle. Aujourd'hui commune du canton de la Motte-Chalançon (Drôme), cette paroisse faisait partie au moyen-âge de l'évêché de Die, mais elle était limitrophe de celles de Cornillon, Cornillac, Pellone, etc., qui dépendaient de l'évêché de Gap et nous verrons par d'autres exemples que les limites de ces deux évêchés ont été modifiées postérieurement au VIIIe siècle. Cette paroisse était sous le vocable de saint Pierre, comme la Novalaise, et le prieuré appartenait à l'abbaye de Saint-Ruf, règle de saint Augustin, comme l'abbaye d'Oulx, qui avait succédé à la Novalaise.

[5] *Allionicum*, nommé *Aulancum* en 1386. Commune du canton de Séderon (Drôme) ancienne paroisse du diocèse de Gap, où existait un prieuré sous le vocable de saint Pierre dépendant de l'abbaye de Saint-Victor de Marseille, ordre de Cluny.

[6] *Venarella* ; ce nom écrit en un seul mot dans le testament d'Abbon doit se décomposer en *Vena vella* ou *villa*. Veynes, chef-lieu de canton de l'arrondissement de Gap, se nommait *Veena* ou *Veene* en 1150. Son prieuré dépendait de l'abbaye de Chardavon, qui dépendait, elle-même de celle d'Oulx qui avait succédé à la Novalaise.

gunde ; la Charce[1] que j'ai acquis de la même Vuidegunde, avec Matarellus, mon affranchi, qui demeure dans la ferme domaniale, et les terres et vignes domaniales qui sont à l'entour ; toutes les choses susdites, avec les affranchis, les fermiers et les serfs, les appartenances et dépendances de ces possessions, je veux et ordonne, sainte église, qu'elle t'appartiennent.

Je donne également à la même église mon affranchi nommé Amalbert, dont la femme est fille du susdit Matarellus, à laquelle j'ai donné, après l'avoir affranchie, deux esclaves dans la ville de Gap, nommés Rusticius et Lupolina.

En outre dans le *pagus* de Gap, Autane[2] que je possède de l'alleu de mes parents, les Cures[3], le Glaizil[4], Ancelle[5] que mon père a acquis de Persa, et mes autres terres de Champsaur[6] avec les Casses de Faudon[7] que j'ai acquises de Lavarnoc : ces terres jusqu'au sommet des

---

[1] *Kalares*, mot qu'il faudrait probablement corriger en *Karceres*. Cette commune du canton de Rémusat, département de la Drôme, était une paroisse de l'ancien évêché de Gap avant le concordat, elle appartenait à l'abbaye de l'Ile-Barbe qui avait succédé à la Novalaise dans quelques unes de ses possessions.

[2] *Altana*. M. Brun-Durand dans son *Dictionnaire topographique de la Drôme*, veut que cette localité soit Autane, canton de Vercoyran. Cette Autane était du diocèse de Sisteron, ce qui ne serait pas une raison décisive de repousser cette identification s'il n'existait un autre Autane dans les Hautes-Alpes, tout voisin d'Ancelle dont il est question dans les lignes suivantes. C'est ce dernier, montagne pastorale et forêts des communes d'Ancelle et d'Orcières, que je propose d'identifier avec l'*Altana* du testament d'Abbon.

[3] *Carennam*, ferme de la commune d'Ancelle.

[4] *Galiscum*, commune du canton de St-Firmin (Hautes-Alpes), nommée au XIIIe siècle *Glaysilium*.

[5] *Ancilla*, commune du canton de St-Bonnet nommée en 1152 *Ancella*. A cette époque Bréma la réclamait comme ancienne possession de la Novalaise ; depuis lors elle appartint au prieuré de Saint-Pierre de Romette dépendant de Saint-Victor de Marseille, ordre de Cluny.

[6] *Campania*. Ce territoire correspond, sans aucun doute, à la vallée nommée depuis Champsaur *(Campus Sauri)*, cantons de Saint-Bonnet de Saint-Firmin et d'Orcières. On a vu dans l'introduction qu'en 1152 Bréma réclamait six églises de cette vallée comme ayant jadis appartenues à la Novalaise.

[7] *Alpis Cassauda*. C'est sur cette montagne, qui s'étend sur les territoires d'Ancelle et de la Bâtie-Neuve, qu'était construit, le village de Faudon maintenant disparu et dont Bréma réclamait en 1152 l'église sous le titre de saint Félix, comme ayant jadis appartenue à la Novalaise.

montagnes, et les esclaves que j'ai acquis de Siagria ; toutes les choses susdites avec les champs, les prés, les forêts, les pâturages, les montagnes et les dépendances de ces dites localités, je veux et ordonne que toi, sainte église, les possèdes.

De même dans le *pagus* de Gap, mon domaine d'Upaix[1] avec ses dépendances, que je possède de l'alleu de mes parents, et la ferme que mon oncle le seigneur Simforien, évêque, a aquise de Venator, je veux et ordonne que toi, mon héritière, les possèdes.

La ferme de Sourribes[2] que j'ai donnée à mon affranchi nommé Bertarius, je veux et ordonne que ses enfants l'aient de même, et eux-mêmes doivent appartenir à mon héritière.

Mes biens[3] de Chardavon[4], je veux et ordonne que toi, mon héritière, sainte église de Saint-Pierre du monastère de la Novalaise, les possèdes.

De même mon domaine de Valernes[5] avec mon affranchi Savinus et ses fils, et les fils de Sisebergа, mon affranchi; Magnibertus avec ses frères et ses fils, et mes autres affranchis qui appartiennent à ce domaine, je veux et ordonne que tu les aies.

Romette[6] avec ses dépendances et ses montagnes, sauf ce que j'ai

---

[1] *Opaga*. Si la Pégue, nommé *Opigho* en 1166, n'était pas fort éloigné des limites du diocèse de Gap, je l'identifierais avec *Opaga*, mais son éloignement rend cette hypothèse absolument invraisemblable. Il s'agit évidemment d'Upaix, commune du canton de Laragne, nommée à l'époque romaine *Epotium* et chef-lieu d'un *pagus*. L'abbaye de Chardavon, qui dépendait de celle d'Oulx, y possédait l'important prieuré de Saint-Jacques.

[2] *Subtusripas*. Ancienne paroisse de l'évêché de Gap, actuellement commune du canton Sisteron (Basses-Alpes).

[3] Cipolla fait de *Bonis* un nom de lieu, ainsi que Mabillon, et l'identifie avec le Plan du Bourg (canton de Veynes) qu'il écrit Boung. Cette lecture, et encore moins cette attribution, ne me paraissent justifiées et le sens de la phrase me semble très clair.

[4] *Cravioscum*. Peut-être faut-il retrouver dans ce nom, Chardavon nommé *Cardoorum* pendant tout le moyen-âge, siège d'une abbaye dépendante de celle d'Oulx qui succéda à la Novalaise. C'est maintenant un hameau de la commune de Mézien, arrondissement de Sisteron (Basses-Alpes).

[5] *Valerignaca* ; ancienne paroisse de l'évêché de Gap, actuellement commune du canton de la Motte, arrondissement de Sisteron (Basses-Alpes).

[6] *Roma*, nommé encore *Roma* en 1113 et *Romata* en 1152, siège d'un important prieuré, sous le vocable de saint Pierre, qui en 1152 appartenait à l'abbaye de Bréma et plus tard celle de Saint-Victor de Marseille, ordre de Cluny. Actuellement c'est une commune du canton de Gap.

donné dans ledit Romette à mes affranchis encore enfants Aldefred et Godobert ; je veux qu'ils le conservent et qu'eux-même appartiennent à mon héritière.

Eygalayes[1] avec toutes ces dépendances ; quand à ce que j'ai échangé avec mon affanchie Dumnulina et lui ai donné dans ledit Eygalayes, je veux qu'elle le conserve et qu'elle-même appartienne à la sainte église mon héritière.

Et les terres de Durbon[2] que j'ai acquises de Bonevalus et que j'ai données à Sendeberta, mon affranchie, je veux qu'elle les aie et qu'elle-même appartienne à mon héritière.

Mes fermes du Trièves[3] que j'ai acquises de Riguberga, et les terres de Creyers[4], ainsi que mon affranchi nommé Maroaldus, sa femme et ses fils, que ma mère Rustica fit venir du *pagus* de Genève pour le faire résider sur cette dite terre ; la terre et les esclaves de Savel[5] que mon oncle le seigneur Simforien a acquis d'Avolus, prêtre, et de la femme Freberga ; et mes affranchis à Artouse[6],

---

[1] *Laquaticum*, nommé *Aiquelaye* en 1343. Ancienne paroisse du diocèse de Gap avec un prieuré de la règle de saint Augustin comme Oulx. Maintenant commune du canton de Séderon (Drôme). Ce pourrait aussi être Eygnians (*Ayguenni*, XIIIe siècle), commune du canton de Laragne dont la paroisse dépendait de l'abbaye de Saint-Victor de Marseille, ordre de Cluny.

[2] *Esturbantia*. M. Marion propose d'y reconnaître Durbon (*Durbonum*, 1116), canton d'Aspres, et au point de vue philologique cette opinion pourrait se soutenir, mais Durbon était un désert avant qu'on y eût fondé une chartreuse en 1116. Avant cette époque Durbon n'appartenait pas à une maison religieuse mais à des seigneurs laïcs. Voila l'objection la plus sérieuse à faire contre l'opinion de M. Marion.

[3] *Taraonum*. Il ne peut s'agir que du Trièves, territoire qui se partageait entre les évêchés de Gap et de Die. Nous trouvons en effet, plus loin, *Ambilli in Taraone* et Ambel était en Trièves. Mais la forme du nom Trièves était au moyen-âge *Trivie* qui ne peut dériver de *Taraonum*. Il s'agirait donc d'un nom antérieur à celui de Trièves et qui aurait été remplacé par lui.

[4] *Crarii*, en 1145 *Creers*. Hameau de la commune de Montbrand, canton d'Aspres. Ce ne peut être Creyers dans la Drôme, qui était de l'évêché de Die et séparé de celui de Gap par une chaine de montagnes.

[5] *Saveli*, nommé *Savola* au moyen-âge. Hameau de la commune de l'Epine, canton de Serres, qui dépendait de l'abbaye de Saint-Victor de Marseille, ordre de Cluny.

[6] *Artonoscum*. Artouse est un petit hameau de la commune et du canton d'Orcières.

fils de Victor et de Vera, Jean, Justbert, Paul et Verissimus, Justino et Berthilde, qui possèdent des terres et des esclaves en bénéfice à Savel, je veux et ordonne que toi, mon héritière, très sainte église de Saint-Pierre du monastère de Novalaise, tu les possèdes.

Les Chabannes[1] que j'ai données à la susdite Bertildis, mon affranchie, je veux qu'elle les conserve, et qu'elle-même appartienne à mon héritière.

Ubrieux[2], que j'ai acquis de Maurus, et que j'ai donné à mon affranchi nommé Justinus, et que Dadinus possède maintenant, je veux qu'il le conserve et qu'il appartienne lui-même à mon héritière.

Ma ferme de Vitrolles[3] qui me vient de l'alleu de mes parents, Glaise[4], *Pentus, Bullone, Muccunava, Bladonis*[5], je veux et ordonne que toi, mon héritière les possèdes.

De même les biens suivants, Méreuil[6], Rosans[7] avec leurs dépen-

---

[1] *Capanne*. Ce hameau de la commune du Poët-en-Percip (Drôme), était le siège d'un prieuré existant encore au XIVe siècle sous le nom de *Cabannascum*.

[2] *Vobridium*. Ancienne paroisse du diocèse de Sisteron, maintenant hameau de la commune du Buis (Drôme). Il était limitrophe du diocèse de Gap, dont les limites ont certainement été modifiées à cet endroit.

[3] *Utronnum*. M. Marion propose de l'identifier avec Vitrolles, chef-lieu de canton de l'arrondissement de Gap. Vitrolles s'est nommé au moyen-âge *Vitrola* ce qui parait fort éloigné d'*Utronnum*. Cependant l'hypothèse de M. Marion semble justifiée par l'existence à Vitrolles du prieuré de Douzard, règle de saint Augustin comme l'abbaye d'Oulx, et sous le titre de saint Pierre.

[4] *Glasia*. Hameau de la commune d'Eygaliers, canton du Buis (Drôme) ; cette ancienne paroisse du diocèse de Gap dépendait du prieuré de Plaisians dépendant lui-même de l'abbaye de Saint-Victor de Marseille.

[5] M. Marion accouple deux par deux ces mots que M. Cipolla sépare au contraire ; cela ne rend pas le texte plus clair et je renonce à chercher à identifier ces noms de lieu.

[6] *Maurovilla*, nommé en 988 *Morarie villa*. La paroisse de cette commune du canton de Serres, arrondissement de Gap, dépendait de l'abbaye de Chardavon qui dépendait elle-même de celle d'Oulx, successeur de la Novalaise.

[7] *Rodanone*, nommé *Rosanum* en 1027. Ce bourg, actuellement chef-lieu du canton de l'arrondissement de Gap, était autrefois très important et était le chef-lieu du *pagus Rosanensis* et de l'un des quatre archiprêtrés du diocèse de Gap. Son riche prieuré dépendait de l'abbaye de Saint-Victor de Marseille comme beaucoup d'anciennes possessions de la Novalaise. Rosans ne tarda pas à perdre de son importance et le siège de son archiprêtré était, dès le XIVe siècle, transféré à Serres.

dances et tout ce qui m'est venu de mes parents Dodone et Godane, et tout ce que Marabertus tient en bénéfice, que j'ai acquis de Gondobertus, et ce que j'ai acquis d'Escussarius, avec les esclaves, les terres et toutes leurs dépendances ; tout cela je veux et ordonne que toi, sainte église de Saint-Pierre, mon héritière, le possèdes.

A *Cronno, Luciano*[1] qui me vient de l'alleu de mes parents et à Leoux[2], où demeure ma servante Mora et qui m'est venu de ma mère Rustica ; mes fermes de Gresse[3] qu'eût en bénéfice mon administrateur Bajo, je veux et ordonne que toi, mon héritière les possèdes . . . .

A Ambel[4] où demeure mon serf Gavioaldus, avec la culture qui nous est venue de dame Siagria, laquelle Unebert tient en bénéfice, et la ferme sur le Drac[5] qui me vient de l'héritage de mon parent Godane[6] . . . . je veux et ordonne que toi, sainte église mon héritière, les aies.

. . . .

Il m'a plu d'ajouter ceci à mon testament. Pendant que feu mon oncle le seigneur Simphorien occupa le siège épiscopal de Gap, il voulut léguer par un acte à cette église la moitié des droits qu'il avait sur sa part de biens dans la vallée de Suze[7] ; mais comme durant

---

[1] Encore deux mots que Marion réunit en un seul tandis que Cipolla les sépare.

[2] *Latiomaus*. Ce hameau de la commune de Villeperdrix, canton de la Motte-Chalançon (Drôme), était avant le concordat une paroisse du diocèse de Die, mais limitrophe de Cornillon, paroisse du diocèse de Gap. Elle dépendait du prieuré de Villeperdrix qui, comme la Novalaise, était sous le vocable de saint Pierre et dépendait de Cluny. *Latiomaus* est répété quelques lignes plus bas à côté de *Licentiaco*, Lemps.

[3] *Gradosa*. Hameau de la commune et du canton de Mévouillon (Drôme), nommé *Gressia* et *Grassia* au moyen-âge. Il faisait partie du diocèse de Gap, avait une chapelle où se disaient les offices paroissiaux et dépendait du prieuré de Saint-Pierre de Mévouillon, dépendant lui-même de l'abbaye de Saint-Victor de Marseille.

[4] *Ambilli*, ancienne paroisse de l'évêché de Gap, actuellement commune du canton de Corps et paroisse de l'évêché de Grenoble (Isère).

[5] *Derausum*, nommé *flumen de Derausum* dans un document du XIe siècle publié par Pertz (Script. VII, p. 75) et *Dracum* au XIIe

[6] Immédiatement après il est question de localités du *pagus* de Die ; Marion ne les sépare pas par la ponctuation de ce qui précède, ce qui semble indiquer qu'il croit Ambel et le Drac (qu'il traduit par St-Jean-d'Hérans) du *pagus* de Die, tandis qu'ils sont de celui de Gap.

[7] *Vallis Segusina*. La famille d'Abbon en était très probablement originaire.

sa vie il avait eu l'administration de ma tutelle, comme il ne m'en avait rendu aucun compte et, qu'en conséquence, en vertu de la loi, il n'a pu depuis lors faire aucun legs, nos biens sont demeurés indivis, et cet acte de donation de la moitié de ses droits sur nos immeubles communs dans la vallée de Suze qu'il avait souscrit en faveur de la susdite église Notre-Dame de Gap, est demeuré nul, puisque la loi le défend. Ensuite il fut chassé de son siège épiscopal par des hommes méchants et cette part de ses droits ne fut jamais délivrée à l'église de Gap ni reçue par elle.

En conséquence, nous, tant pour le salut de notre âme qu'en vertu du compte qui est indivis entre nous et notre susdit oncle le seigneur Simphorien, nous donnons à ladite église Notre-Dame de Gap nos immeubles dans le *pagus* de Riez[1]............

De plus nous donnons à la susdite église Notre-Dame de Gap nos immeubles dans le *pagus* de Gap nommés *Ruarmum*[2], Ambel en Trièves[3] avec les affranchis qui y sont attachés.............. ....

Nous donnons à notre très chère Virgilia les lieux du *pagus* de Gap nommés Léoux[4] et Lemps[5], St-Jean de Chassagne[6], et Si-

---

[1] *Pagus Regensis.* Suit l'énumération de diverses localités de ce *pagus* et de celui de Cavaillon *(pagus Cavellicus).* Cette région est étrangère à mon travail. Au moyen-âge l'église de Gap ne possédait plus rien dans ces deux *pagi.*

[2] L'église de Gap possédait de toute ancienneté deux terres importantes dont la provenance n'est pas connue, le mandement de Rabou, près de Gap, et le mandement de Terre d'église composé des quatre paroisses de la Fare, Poligny, Le Noyer et le Glaisil, en Champsaur. Il est probable que *Ruarmum* correspond à l'une de ces deux terres, plutôt à Rabou dont le nom médiéval *Rabaonum* n'est pas sans analogie avec *Ruarmum.*

[3] *Ambilli in Taraone.* Nous avons déjà vu plus haut ces noms de *Taraonum* et d'Ambel. L'abbaye de la Novalaise fonda au Monêtier-d'Ambel, tout à côté d'Ambel, un monastère qui disparut de très bonne heure. Il en fût de même pour les droits de l'église de Gap sur Ambel ; on n'en trouve aucune trace au moyen-âge.

[4] *Laciomaus.* Nous avons déjà vu cette localité paraître, avec l'orthographe *Latiomaus,* dans un paragraphe précédent. La conjonction et qui l'unit à *Licentiaco* est une raison de penser qu'elles étaient voisines l'une de l'autre.

[5] *Licentiaco.* Lemps était une ancienne paroisse du diocèse de Gap, siège d'un prieuré de l'ordre de Cluny sous le vocable de saint Pierre, comme la Novalaise. Au XIIIe siècle elle portait le nom de *Lencium* ou *Lentium.* C'est maintenant une commune du canton de Rémusat (Drôme) toute voisine de Léoux.

[6] *Cassaniola,* nommé *Chassanii* en 1338. C'est un hameau de la commune de Gap.

goyer[1] que nous avons acquis du seigneur Vualdebert, évêque, de dame Siagria, de Vuidegunde et de Riguberga, femme vouée à Dieu.

Je donne à mon fidèle Protade les immeubles suivants dans le *pagus* de Gap; le lieu nommé *Semprugnanum*[2] avec ses dépendances, que j'ai acquis d'Agloaldus, et la part que j'ai eue de Maurengus, clerc, comme punition de son infidélité, parce qu'il m'a menti, et en vertu d'un ordre souverain; comme il m'avait menti, Palatinus m'a cédé ces choses[3], et je veux que Protade les possèdent.

Je donne à Tersia, fille d'Honoria, mon affranchie, qui fût femme de Teudaldus, de Suze, les immeubles qui appartinrent à Riculfus, fils de feu Rodulfus[4], que j'ai acquis en vertu d'un ordre du seigneur roi Theodericus et de l'illustre seigneur Charles, dans les *pagi* de Die[5], de Gap, de Grenoble[6]. J'en excepte la ferme du *pagus* d'Embrun située à Valeite[7], que j'ai déja donnée au monastère de Saint-Pierre, mon héritier. Ces biens m'ont été donnés parce que ledit Riculfus s'allia à la race des Sarrazins, en trahison du royaume des Francs, et qu'il commit beaucoup de crimes d'accord avec cette race payenne.

---

[1] *Ciconiola*. Il existait dans l'ancien diocèse de Gap deux paroisses nommées Sigoyer : Sigoyer-Malpoil (Canton de la Motte, Basses-Alpes) et Sigoyer-du-Don (Canton de Tallard, Hautes-Alpes). La proximité de cette dernière de St-Jean-de-Chassagne, qui lui est juxtaposé dans le testament d'Abbon, me porte à croire que c'est d'elle qu'il s'agit ici. On la trouve en 1121 sous la forme *Cigoier*. Elle était sous le vocable de saint Pierre.

[2] Je n'ai pu retrouver l'emplacement de cette localité.

[3] Cette phrase manque de clarté. Maurengus avait probablement reçu des terres en bénéfice d'Abbon et les avait cédées à Palatinus. Comme il perdit ses bénéfices pour cause d'infidélité, Palatinus, son cessionnaire, dût les restituer et ils furent légués à Protade.

[4] Il a été fait mention plus haut de ce Riculfe, fils de Rodolphe et frère de Rodbaud. C'était un des seigneurs du midi de la France qui imitèrent Mauronte, personnage considérable, et qui préférant la domination des califes d'Espagne à celle des Francs, qui déjà une fois avaient mis le pays au pillage, s'allièrent avec les Sarrazins et les suivirent après leur défaite.

[5] *Pagus Diensis*.

[6] *Pagus Gratianopolitanus*.

[7] Nous avons déjà vu mentionner dans un article précédent cette ferme de la commune des Orres, canton d'Embrun nommée *Volentium et Velentium*.

VI

En résumé voici les conclusions que l'on peut tirer du testament d'Abbon pour l'étude de la *géographie* du Haut-Dauphiné au VIIIe siècle.

Le Briançonnais se composait des cinq vallées de Briançon, de Névache, de la Guisane, de la Vallouise et du Queyras.

Il ne s'étendait pas sur le versant oriental des Alpes, ce n'est qu'après 1032 qu'il empiéta sur l'Italie. Il n'est pas dit de quel évêché il dépendait, mais nous savons par d'autres documents qu'il faisait alors partie de l'évêché de Maurienne ; il ne fût uni qu'au XIe siècle à celui d'Embrun.

L'Embrunais, avec siège épiscopal à Embrun, comprenait la vallée de la Durance depuis la petite ville de Rame jusqu'au torrent de la Couche. La vallée de Barcelonnette en faisait également partie. Il n'est pas question dans le testament d'Abbon de la vallée de Seyne, mais il est infiniment probable que l'évêque d'Embrun y étendait sa juridiction comme plus tard au moyen-âge.

Le pays de Chorges s'étendait entre le torrent de la Couche et la petite rivière de l'Avance ; ses autres limites étaient la Durance et les montagnes qui séparent la vallée de la Durance de celle du Drac. Un siège épiscopal y avait existé comme celà est démontré par la *Notitia Galliarum*, mais il est très probable qu'au VIIIe siècle cet évêché avait déjà disparu et que la plus grande partie de ses paroisses avaient été annexées à celui d'Embrun.

Le *pagus* de Gap est également le siège d'un évêché. Il comprenait en premier lieu le territoire triangulaire borné par les rivières de la Durance, du Buëch et les montagnes du Dévoluy et du Champsaur ; c'est le Gapençais proprement dit. Sur la rive gauche de la Durance il possédait une lisière jusqu'au delà de Sisteron. La vallée du Champsaur ou du Drac, avec les vallées latérales du Dévoluy et Valgaudemar, lui appartenait en entier. Il possédait aussi une partie du Trièves sans qu'on puisse assurer que ses limites de ce côté-là étaient les mêmes au VIIIe siècle qu'au moyen-âge c'est à dire au torrent de la Bonne près de la Mure.

Sur la rive droite du Buëch, c'est à dire entre cette rivière et les évêchés de Die et de Sisteron, le *pagus* de Gap s'étendait sur un vaste territoire qui au Xe siècle est qualifié de *pagus Rosanensis* et qui constitua l'archiprêtré de Rosans.

De ce côté les limites du *pagus* et de l'évêché de Gap au VIIIe siècle ne peuvent pas être précisées ; il est certain qu'elles n'étaient pas alors ce qu'elle furent plus tard et que certaines paroisses, Ubrieux, Léoux, Chalançon, qui au moyen-âge appartenaient aux évêchés de Die ou de Sisteron, dépendaient à cette époque du *pagus* de Gap. Il y eût probablement de ce côté-là, après les dernières invasions sarrazines, des remaniements dans lesquels l'évêché de Gap perdit quelque chose.

Les legs faits à la Novalaise par Abbon on été certainement l'origine de la fondation de plusieurs monastères et de plusieurs paroisses dans le Haut-Dauphiné. Les noms de Monêtier de Briançon, Monêtier d'Ambel, etc., témoignent de l'existence dans ces villages de monastères dont aucun souvenir, autre que ces noms eux-mêmes, n'est venu jusqu'à nous, et dont les moines de la Novalaise étaient fondateurs.

Quant aux paroisses, beaucoup de celles dont le nom est emprunté à celui de leur patron, le Puy-Saint-Pierre, Saint-Julien-en-Champsaur, Saint-Laurent-du-Cros, Saint-Julien-de-Falavaux, etc, ont certainement pour origine des chappelles établies par les religieux novaliciens dans des immeubles ruraux légués par Abbon à leur abbaye, chapelles qui n'ont pas tardé à être érigées en paroisses.

Ont en outre vraisemblablement pour fondateurs les moines de la Novalaise, les paroisses placées, comme cette abbaye, sous le vocable de saint Pierre et dans le territoire desquelles on sait positivement que la Novalaise avait des possessions ; Saint-Pierre de Faucon, Saint-Pierre de Remollon, Saint-Pierre de Corps, Saint-Pierre d'Ambel, Saint-Pierre de la Bréoulle, Saint-Pierre de Chalançon, Saint-Pierre de Lemps, Saint-Pierre de Sigoyer. On peut en dire autant des prieurés sous le vocable de Saint-Pierre et ayant dépendu de Bréma, d'Oulx, de Cluny ; Saint-Pierre de Romette, Saint-Pierre de Véras, Saint-Pierre d'Alauson, Saint-Pierre de Villeperdrix, Saint-Pierre de Douzard, Saint-Pierre de Mévouillon.

Comme on peut en juger par cet exposé sommaire, les origines de la Novalaise sont intimément liées à celles de beaucoup de nos paroisses et à l'histoire ecclésiastique du Haut-Dauphiné depuis le VIIIe siècle jusqu'à nos jours.

J. ROMAN.

www.ingramcontent.com/pod-product-compliance
Ingram Content Group UK Ltd.
Pitfield, Milton Keynes, MK11 3LW, UK
UKHW032023260826
14628UKWH00006B/2691

9 782012 934467